AF152276

BEI GRIN MACHT SICH IHR WISSEN BEZAHLT

- Wir veröffentlichen Ihre Hausarbeit, Bachelor- und Masterarbeit

- Ihr eigenes eBook und Buch - weltweit in allen wichtigen Shops

- Verdienen Sie an jedem Verkauf

Jetzt bei www.GRIN.com hochladen und kostenlos publizieren

Jim Schumann

Edouard Houdremont - Seine Rolle als Manager bei Krupp in den 30er und 40er Jahren, seine Zusammenarbeit mit den Nazis und seine Verurteilung als Kriegsverbrecher im Krupp-Prozess

GRIN Verlag

Bibliografische Information der Deutschen Nationalbibliothek:

Die Deutsche Bibliothek verzeichnet diese Publikation in der Deutschen National-
bibliografie; detaillierte bibliografische Daten sind im Internet über http://dnb.d-
nb.de/ abrufbar.

Impressum:

Copyright © 2012 GRIN Verlag GmbH
Druck und Bindung: Books on Demand GmbH, Norderstedt Germany
ISBN: 978-3-656-35304-1

Dieses Buch bei GRIN:

http://www.grin.com/de/e-book/206939/edouard-houdremont-seine-rolle-als-
manager-bei-krupp-in-den-30er-und

GRIN - Your knowledge has value

Der GRIN Verlag publiziert seit 1998 wissenschaftliche Arbeiten von Studenten, Hochschullehrern und anderen Akademikern als eBook und gedrucktes Buch. Die Verlagswebsite www.grin.com ist die ideale Plattform zur Veröffentlichung von Hausarbeiten, Abschlussarbeiten, wissenschaftlichen Aufsätzen, Dissertationen und Fachbüchern.

Besuchen Sie uns im Internet:

http://www.grin.com/

http://www.facebook.com/grincom

http://www.twitter.com/grin_com

Nur ein Familienchronik? oder

Der schamlose Versuch der Rehabilitierung eines Kriegsverbrechers!

In der grössten luxemburgischen Tageszeitung „Luxemburger Wort" vom 7. Juni 2012 versucht Raymond Schaack,ein luxemburgischer Historiker, im Rahmen der 200-Jahrfeier des Krupp-Konzerns, zwei Kriegsverbrecher, luxemburgischer Abstammung, in einem Lichte darzustellen, so als sei es für Luxemburg eine Ehre, dass sie, Paul Goerens und Edouard Houdremont, in der Nazi-Zeit eine führende Rolle im Krupp-Konzern gespielt haben. Darüber hinaus sei vorab bemerkt, dass es eine Schande ist, wenn solche Beiträge (fast) kommentar- und reaktionslos hingenommen werden.[1]

Da der Beitrag nur am Rande auf die Person Paul Goerens eingeht und sich hauptsächlich mit Edouard Houdremont, einem engen Freund der Familie Schaack, beschäftigt, wollen wir uns auch auf die Darstellung der kriegsverbrecherischen Machenschaften Houdremont's beschränken, wobei wir auf seine, von Fachleuten anerkannte, wissenschaftliche Tätigkeit und Kompetenz im Stahlbereich nicht eingehen werden, obwohl es gerade die in diesem Bereich entwickelte Leistung war, die ihn zum Krupp-Konzern brachte.

Ein deutscher Ingenieur, „zur totalen Dienstbarkeit bereit"

Aus der Biografie Houdremont's wollen wir nur einige Aspekte herausstreichen, die uns im Rahmen dieses Beitrags interessieren.

- Von 1916 bis 1919 studierte Houdremont Ingenieurwissenschaften an der Technischen Hochschule zu Berlin. Von 1919 bis 1921 arbeitete er als wissenschaftlicher Assistent an derselben Hochschule, an der er im Juli 1921 zum Dr. Ing. promovierte. In den Jahren 1922 bis 1926 arbeitete er als Direktionsassistent bei den Krefelder Edelstahlwerken – parallel dazu lehrte er Eisenhüttenkunde an der TH Aachen. Ab 1935 war er Honorarprofessor für Eisenhüttenkunde der Technischen Hochschule Aachen[2].

- Im Oktober 1926 erhielt er eine Anstellung bei der Friedrich Krupp AG in Essen in der Gussstahlfabrik als Direktoriumsassitent im Stahlbereich. Im Januar 1930 wurde er zum Prokuristen befördert. Im Juli 1932 wurde er mit der Leitung des Bereiches Metallurgie beauftragt und zum stellvertretenden Leiter der Stahlwerke ernannt. 1936 wurde er Leiter des Bereiches Stahlforschung. Im Oktober 1938 erfolgte die Ernennung zum stellvertretenden Direktor der Friedrich Krupp AG – zu dieser Zeit wurde er auch Berater beim Beauftragten für den Vierjahresplan, Hermann Göring. Durch eine Anordnung von Gustav Krupp vom 8. März 1941 wurde er, zu jener Zeit verantwortlich für die Stahlherstellung im Stammwerk, zum Vorstandsmitglied der Kruppwerke berufen. 1942 wurde er durch Albert Speer zum Sonderbeauftragten für Metallumstellung auf Sparstoffe im Reichsministerum für Rüstung und Kriegsproduktion beordert[3]. Im April 1943 erfolgte seine Beförderung zum ordentlichen Vorstandsmitglied mit Zuständigkeit für die Bereiche Metallurgie und Stahlfabriken[4&5]. Im November 1943 erweiterte er seine Zuständigkeit um den Bereich Maschinenfabriken. Nach der Umfirmierung der Krupp AG in Friedrich Krupp Werke (bis dahin war Bertha Krupp alleinige Besitzerin) im Dezember 1943 wurde der „Wehrwirtschftsführer"[6] Houdremont Mitglied des Direktoriums der Firma – dann bis 1944, Generalbevollmächtigter der Friedrich Krupp Werke – faktisch Chef des Familienunternehmens und von Rüstungsminister Speer gerühmt als erfreuliches

Gegengewicht zum *„überalterten Krupp-Geist"*[7]. Im September 1944 übernimmt er auch die Leitung der Gussstahlfabrik.[8&9]

- Sofort nach der Machtergreifung Hitlers, führte das aggressive Vorgehen der Nazis auch in der Firma Krupp zu personellen Veränderungen. Mehrere Mitglieder des Aufsichtsrats wurden von den Nationalsozialisten attackiert, weil sie *„Juden"* waren. Im Spätsommer 1934 startete der Stellvertretende Direktor der chemisch-physikalischen Versuchsanstalt Krupps, Adolf Fry, auch einen Angriff auf die *„Ausländer"* im Krupp-Management, die des *„Hochverrats"* schuldig seien. Die Antwort des Firmeneigentümers, Gustav Krupp, bestand darin, dass er den Denunzianten, nicht die Denunzierten, hinauswarf. *„Durch ihr Vorgehen haben Sie nicht nur das Ansehen der Herren auf das schwerste geschädigt, sondern auch den Ruf der Firma gefährdet"*, so Gustav Krupp im Entlassungsschreiben. Houdremont's Antwort auf die Attacken Fry's bestand darin, dass er die deutsche Staatsbürgerschaft annahm[10].

- Am 1. Juli 1940 trat er in die NSDAP ein (Mitgliedsnummer 8301922) – er behauptete später[11], Göring habe ihn zum Parteieintritt gedrängt – an anderer Stelle behauptet er diesen Schritt unternommen zu haben, um eine bessere Ausgangsbasis bei seinen Bemühungen zu haben, seinen von der Gestapo verhafteten Schwippschwager, den Zentrumspolitiker Bruno Kurowski, aus der Haft frei zu bekommen[12]. In diesem Zusammenhang sei er auch bei Göring vorstellig geworden.

- Im November 1947 wurde Houdremont im Rahmen des Krupp-Prozesses vor dem US-Militärtribunal IIIa angeklagt – die Anklageschrift wurde am 17. November 1947 vorgelesen – der Prozess dauerte vom 8. Dezember 1947 bis zum 31. Juli 1948 – Houdremont's Verteidigung übernahm der Anwalt Walter Siemers, dem als Assitentin Houdremont's Schwägerin (Schwester seiner Ehefrau) Aenne Kurowski-Schmitz, zur Seite stand[13]. Im Juli 1948 wurde er in zwei von acht Anklagepunkten für schuldig befunden und zu einer zehnjährigen Freiheitsstrafe verurteilt[14]. Am 31. Januar 1951 wurde seine Strafe durch den US-Hochkommissar John Jay McCloy auf die zu diesem Zeitpunkt verbüsste Strafzeit reduziert. Am 4. Februar 1951 erfolgte seine vorzeitige Entlassung.

Edouard Houdremont war ab 1916 in Deutschland – er verbrachte, vorerst als Student, und später als Dozent, ein Grossteil seiner Arbeits- und Lebenszeit an Technischen Hochschulen und Universitäten in Deutschland, also an Ausbildungsstätten, die als ein Hort nationalistischer und antisemitischer Gesinnung galten. Es kann daher nicht verwundern, *„dass das Gedankengut der Nationalsozialisten, nach deren Machtergreifung, bei den Ingenieuren auf fruchtbaren Boden fiel."*[15] Wichtiger als die weltanschauliche Übereinstimmung mit dem Nationalsozialismus war jedoch für die Ingenieure als Berufsgruppe, dass sie vom neuen Regime gebraucht wurden. Die Männer an der Spitze der deutschen Industrie, wie Houdremont selbst, verkörperten einen Menschentypus, wie ihn schon der Philosoph Friedrich Nietzsche vorausgeahnt und wie ihn Himmler für seine *„neue"* SS wünschte: ein Menschentypus, hervorgegangen *„aus der Verbindung von strammer Polytechnikerbildung und Militärwesen, „in der Synthese also zweier Berufsbilder mit der gleichen Tendenz zu totaler Dienstbarkeit".*[16]

„Wenn man ein gutes Pferd kauft, muss man ein paar Mängel hinnehmen"[17]

Wie sah Edouard Houdremont diese „Dienstbarkeit"?

Generell hatten sich die Rüstungsmonopole mit der Niederlage im Ersten Weltkrieg keineswegs abgefunden. In einer Rede im Januar 1944 bestätigte Gustav Krupp die heimliche *„Wehrhaftmachung"* unmittelbar nach dem Kriege: *„Es ist das grosse Verdienst der gesamten deutschen Wehrwirtschaft, dass sie in diesen schlimmen Jahren nicht untätig gewesen ist, mochte auch aus einleuchtenden Gründen ihre Tätigkeit dem Lichte der Öffentlichkeit entzogen sein. In jahrelanger stiller Arbeit wurden die wissenschaftlichen und sachlichen Voraussetzungen geschaffen, um zu gegebener Stunde... wieder zur Arbeit für die deutsche Wehrmacht bereitzustehen.... Nur durch diese verschwiegene Tätigkeit deutschen Unternehmertums... konnte nach 1933 unmittelbar der Anschluss an die neuen Aufgaben der Wiederwehrhaftmachung erreicht, konnten dann auch die ganz neuen vielfältigen Probleme gemeistert werden".[18]* So wurde also in der Weimarer Republik der Versailler Vertrag sehr frühzeitig unterlaufen und freudig telegrafierte Gustav Krupp an Hitler, nachdem das Deutsche Reich Ende Oktober 1933 die Abrüstungskonferenz in Genf verlassen hatte und aus dem Völkerbund ausgetreten war: *„Auf dem vorgezeichneten Weg folgt Ihnen in unbeugsamer Entschlossenheit inmitten der einigen Nation die deutsche Industrie".[19]*

Nach dem Zweiten Weltkrieg legte Houdremont ein geschickt verfasstes Memorandum vor, dessen Argumentation darauf hinauslief, den Krupp-Konzern als Opfer nationalsozialistischer Zwangswirtschaft hinzustellen. *„Es ist nicht die Schuld von Krupp, dass sein Name von der Propaganda des Nazireichs und von dessen Führern stets als Schlagwort benutzt wurde...".[20]* Houdremont, der sich persönlich mit um die Errichtung einer Krupp-Produktionsstätte in Auschwitz gekümmert hatte und auch sonst mit der Organisation der Beschäftigung und Rekrutierung von jüdischen KZ-Häftlingen und Zwangsarbeitern befasst gewesen war, vermied es diese Themen auch nur zu berühren.

In seiner längeren Darlegung zur wirtschaftlichen Lage der Firma und politischen Einstellung der Konzernleitung zwischen den Kriegen, erwähnte der faktische Chef des Stahlriesen diesen Komplex mit keinem Wort. In diesem Bestreben, dieses Kapitel als ein „noli me tangere" zu behandeln, ähnelte Houdremont's Haltung ganz der seiner Manager-Kollegen.

In der Beschreibung der politischen und wirtschaftlichen Rahmenbedingungen industrieller Produktion im Dritten Reich waren seine Ausführungen geschickter und auch vorsichtiger als die Einlassungen manches anderen Industrieführers in den ersten Wochen nach der alliierten Besetzung. Houdremont bedauerte die nun plötzlich überall anzutreffende falsche Vorstellung von Krupp als *„Hauptproduzent von Kriegsmaterial, als der Hauptförderer und – nutzniesser des Nazismus und in der Folge als einer der Hauptanstifter des Krieges und als einer der grössten Kriegsgewinnler"*. Dieser Eindruck sei falsch. Er glaube vielmehr sagen zu können, *„dass die Firma Krupp viel weniger mit dem Krieg zu schaffen hatte als andere Industrieunternehmen"*. Neben allerlei Hinweisen dazu, wie fern Inhaber und Manager des Konzerns dem Nationalsozialismus immer gestanden hätte (der Konzern beschäftigte 1944 insgesamt über 70.000 Kriegsgefangene, Zwangsarbeiter und KZ-Häftlinge), variierte der Krupp-Chef geschickt das bekannte Thema vom unerbittlichen Zugriff des Staates auf die

Grosswirtschaft. Besonders wirkungsvoll herausgestrichen wurden die häufigen Konflikte mit der NS-Rüstungsorganisation. Ebenfalls als Entlastung wollte er eine zutreffende Feststellung verstanden wissen: *„Kein Krupp-Direktor war in einer leitenden Stellung in den staatlichen Organisationen oder zum Beispiel im Speer-Ministerium zu finden"*. Im Lügen und Anbiedern erwies sich Houdremont als Mann vom Fach!

In der Anklageschrift des Nürnberger US-Militärtribunals liest sich das etwas anders. Die Punkte 26. und 27. heben hervor: *„Die Angeklagten Mueller und Houdremont arbeiteten eng mit den militärischen Beschaffungsstellen zusammen sowohl beim Entwurf von Waffen als auch in der Planung der Waffenproduktion. ... Der Beschuldigte Houdremont leitete den Spezialausschuss für Metallumstellung. Krupp-Mitarbeiter waren in vielen der wichtigsten Ausschüsse und anderen Organisationen zu finden"*. Die Anerkennung des Krupp-Personals an der Wiederbewaffnung Deutschlands wurde durch die Ernennung der Beklagten Alfried Krupp, Loeser, Houdremont, Mueller, Janssen und Pfirsch zu *"Wehrwirtschaftsfuehrern"* hervorgehoben.

Die hohen Stellungen der Angeklagten in politischen, finanziellen, industriellen und wirtschaftlichen Bereichen Deutschlands, erleichterten die Koordination der Tätigkeiten der Firma Krupp mit jenen des deutschen Programms der Wiederbewaffnung. Sie hielten Schlüsselpositionen in wirtschaftlichen Organisationen und Gruppen, die, in Zusammenarbeit mit dem deutschen Oberkommando, den deutschen industriellen Mobilisierungsplan vorbereiteten.[21] Die Anklagebehörde ergänzte: *„Nach Ausbruch des Krieges waren die Beziehungen Krupps zur Wehrmacht und den zivilen Behörden des Reiches noch enger. Die Erfahrungen, die er angesammelt hatte, wurden in den Dienst der Regierung gestellt. Zwei der Angeklagten, Erich Mueller und Houdremont, übernahmen führende Regierungspositionen. ... Houdremont, im Bereich der Metallurgie, ... als Spezialausschussleiter für Metallersatzstoffe, nutzte,..., die Forschungsergebnisse die Krupp bei Metallersatzstoffen und Legierungen erreicht hatte."[19]* Chefankläger, General Telford Taylor, mit Bezug auf die Verleihung der „Goldenen Fahne"[22] an Krupp im Jahr 1940 aus den Händen von Rudolf Hess, erklärte: *„... die Tradition der Firma Krupp und die sozialpolitische Haltung, die sie vertrat, passte genau in die moralische Atmosphäre des Drittes Reiches. Es gab kein Verbrechen, das ein solcher Staat begehen konnte... an dem sich diese Männer nicht beteiligt haben würden. Lange bevor die Nationalsozialisten zur Macht kamen, war Krupp schon ein nationalsozialistischer Musterbetrieb".[23]*

Zur Behauptung, dass die deutschen Industriemagnaten nichts oder nur sehr wenig mit der Nazipartei und den Verbrechen des Naziregimes gemein hätten, hat ein vom US-Senat 1945 eingesetzter Untersuchungsausschuss, unter Leitung des Senators Kilgore, folgende Feststellungen getroffen:

„Es ist nicht wahr, dass die deutschen Grossindustriellen sich erst im letzten Augenblick und halb gezwungen dem Nationalsozialismus angeschlossen haben. Sie waren von Anfang an seine begeisterten Förderer... Die Umstellung der deutschen Wirtschaft auf die Kriegswirtschaft und die fieberhafte Rüstung zum Angriffskrieg erfolgte unter der unmittelbaren Leitung der deutschen Industriellen.... Die Tatsachen machen diese Industriellen einwandfrei mitschuldig an den von den Nationalsozialisten.... verübten Verbrechen".[24]

Zu totaler Dienstbarkeit bereit, auch gegenüber den „neuen Herren"

Nach der deutschen Niederlage, und in Anlehnung an die vorhergemachten Überlegungen über die „Dienstbarkeit" der Berufsgruppe der deutschen Ingenieure, ist es denn auch nicht erstaunlich, dass Männer mit dieser Geisteshaltung genauso willig ihren „neuen Herren" gegenüber „zu totaler Dienstbarkeit" bereit waren, sei es in den USA, in der Sowjetunion, in Grossbritannien oder auch in Frankreich. Der deutsche Ingenieur durfte sich „als Sieger der Niederlage" fühlen, denn jedem noch so sehr in die kriminellen Machenschaften des NS-Regimes verstrickten Ingenieur wurde gestattet, einfach dort weiterzumachen, wo er am 8. Mai 1945 hatte aufhören müssen. Und als die stets latent gewesenen Spannungen zwischen den Westmächten und der Sowjetunion zum „Kalten Krieg" eskalierten, sahen die politisch Verantwortlichen auf beiden Seiten des Eisernen Vorhangs bewusst und grosszügig über die Nazi-Vergangenheit der jeweils in ihren Diensten stehenden deutschen Ingenieure hinweg. Denn ihnen wurde zugestanden, dass ihre Tätigkeit, auch die im Dienste des NS-Regimes, ausschliesslich sachorientiert gewesen sei. Der Ingenieur hatte ja nur für das reibungslose Funktionieren des Systems gesorgt. Das hatte er gut gemacht und dafür konnte man ihn wieder gebrauchen. Darin, dass die USA, die Sowjets, Briten und Franzosen die Person des Ingenieurs und auch seine Arbeit nur nach der fachlichen Leistung werteten, liegt der eigentliche Skandal. Sollte etwa das Gesellschaftsbild der „neuen Herren" dem des deutschen Ingenieurs der Nazizeit gar nicht so unähnlich gewesen sein?

Die Angeklagten im Krupp-Prozess wussten sehr wohl, auf was sie sich eingelassen hatten, und dass sie später als Kriegsverbrecher belangt werden konnten. Bereits am 2. August 1943, wurde ihnen von der „Verbindungsstelle Eisen für Schrifttum und Presse"[25] ein Beitrag, erschienen im britischen „The Financial News" vom 15. Juli 1943, zugetragen in dem es hiess: *„Früher oder später werden die Alliierten ihre Listen von Kriegsverbrecher aufstellen müssen. Während diejenigen, die verantwortlich sind für Hinrichtungen und Folterungen, für Handlungen der grundlosen Aggressionen, als erste verarbeitet werden müssen, steht zu erwarten, dass diejenigen, die Plünderungen aller Art angeordnet oder ausgeführt haben, nicht übersehen werden. Es ist ein unbestrittenes Prinzip, dass die Teilnahme an der Ausplünderung der besetzten Gebiete als Kriegsverbrechen gilt".[26]*

Edouard Houdremont, in weiser Voraussicht und entsprechend seiner anbiederischen Art, konstatierte denn auch, dass die Art und Weise, wie die Unternehmensleitung den alliierten Besatzern am westlichen Rheinufer gegenüber treten sollte, von entscheidender Bedeutung für die Zukunft des Gesamtkonzerns sein werde.[27] Er begnügte sich nicht mit „emphatischen" Appellen. Der Vorsitzende des Krupp-Direktoriums behielt in den Umbruchswochen die Fäden fest in der Hand und hatte bereits lange vor Abfassung seiner Denkschrift[18] (siehe oben) alle Hebel im Sinne der von ihm geforderten vertrauensvollen und zukunftsorientierten Zusammenarbeit mit der Militärverwaltung in Bewegung gesetzt. Nach der Besetzung Essens am 11. April 1945 hatte Houdremont umgehend Kontakt zu den Amerikanern hergestellt, und bereits 2 Tage später fand eine erste Besprechung zwischen der Konzernspitze und alliierten Offizieren statt.[28] Houdremont war auch zweifellos durch das Protokoll[29] der Krefelder Notstandskommission vom 19. März 1945, darüber informiert, dass die Amerikaner in den Monaten zuvor den Anliegen der Wirtschaft im linksrheinischen Besatzungsgebiet mit viel Verständnis begegnet waren.

Unter der energisch vorangetriebenen Initiative des Krupp-Chefs Houdremont wurde ein Ausschuss gebildet, dessen Einfluss sich auf das gesamte westliche Ruhrgebiet erstreckte, der darauf ausgerichtet war, die Infrastruktur des westlichen Reviers in engster Kooperation mit der Besatzungsmacht rasch wieder funktionsfähig zu machen. Leider mussten sie aber nach einigen Wochen feststellen, dass die Wiederaufnahme der Produktion doch nicht so einfach möglich war wie erwartet. Die ehemaligen „Wehrwirtschaftsführer" mussten erkennen, dass sie weniger autonom schalten und walten konnten als anfangs vermutet. Die Amerikaner waren dann doch nicht so *„manageable"*, lenkbar und beeinflussbar, wie nach den ersten Begegnungen mit den Offizieren der Besatzungsmacht zumeist angenommen. Sie erkannten die beständig grösser werdenden Schwierigkeiten mit *„business as usual"* fortzufahren, nachdem immerhin ein Krieg verloren und das NS-Regime von den Siegermächten abgelöst worden war.

Bereits Mitte Mai hatte der grossindustrielle Steuerungskreis um Edouard Houdremont eine lange Liste von Unzuträglichkeiten zu erörtern. Die nach dem Einmarsch aufgekommene Aufbruchstimmung begann sich abzukühlen.[30] Houdremont liess jedoch nicht locker. In einem Rechenschaftsbericht[31] an den Chef der Essener Militärverwaltung gab er Meldung über *„das bisher Geleistete"*, in den Augen das „Kanonenkönigs" aber wohl nicht mehr als ein Sammelsurium von Kinkerlitzchen. Das Schreiben sollte aber, wie anders bei Houdremont zu erwarten, rückhaltlose Informationsbereitschaft demonstrieren und damit bei der Besatzungsmacht um Vertrauen werben. Dahinter stand ein einfaches Kalkül: Durch ständige Berufung auf die von amerikanischer Seite erteilte Zustimmung zu Aufräumungs- und Instandsetzungsarbeiten sollte die erteilte Zustimmung als eine Art Recht auf die Wiederaufnahme der Produktion abgeleitet werden. Die schrittweise Ausweitung der Aktivitäten würde zudem Vorentscheidungen schaffen, die die britische Militärverwaltung wohl nur schwer wieder würde aufheben können: also notwendige Vorarbeiten zur Wiederaufnahme der Produktion. Houdremont ging dabei sehr geschickt vor. In einem Rechenschaftsbericht an die Militärregierung bemerkte er, seine Kunden *„verlangten"* von ihm die Herstellung von im Bergbau und in der Lebensmittelindustrie benötigtem Stahlhalbzeug. Hier kam die Überzeugung der Industrieführer zum Ausdruck, nach dem kleinen Finger werde die Besatzungsmacht gewiss bald die ganze Hand reichen, weil eine Wiederingangsetzung der Wirtschaft im Besatzungsgebiet ohne Eisen und Stahl undenkbar war.

Die Besetzung des Ruhrgebiets durch die US-Army hatte die Führungsetagen der Montankonzerne zunächst praktisch unberührt gelassen. Das Krupp-Direktorium tagte unter dem Vorsitz von Edouard Houdremont vor und nach dem Einmarsch der Amerikaner ohne jede Unterbrechung und unbeeinträchtigt durch die spektakuläre Festsetzung (Hausarrest in seiner Villa „Hügel") von Alfried Krupp. Bei der industriellen Elite überstieg der Gedanke, die Industrie könne für die Fehler und Verbrechen der Politik mit zur Rechenschaft gezogen werden, ihre Vorstellungskraft, fühlten sich doch viele von ihnen selbst als Opfer nationalsozialistischer Zwangswirtschaft!

Aber schon im Mai 1945 tauchten Indizien dafür auf, dass die alliierte Militärverwaltung den bruchlosen Übergang von der Rüstungswirtschaft zur Friedensfertigung weniger energisch zu befürworten schien als diese selbst. Krupp-Chef Houdremont stellte fest, dass *„die Dinge nicht so glatt laufen wie man es gerne möchte"*[32]. In der Nacht vom 5. auf den 6. September, fünf Wochen nach dem Potsdamer Abkommen, holte die britische Militärregierung zu ihrem ersten umfassenden Schlag gegen das Ruhr-Estalishment aus. In dieser Nacht waren die führenden Köpfe des Rheinisch-Westfälischen Kohle-Syndikats von *Field-Security*-Einheiten des britischen 1. Corps in Internierungslager gebracht worden. Als das Krupp-Direktorium am 25. Juni 1945 die Wiederaufnahme der Produktion beantragte, war Essen aus der amerikanischen in die britische Militärverwaltung übergegangen. Obwohl diese zunächst die eingeschränkte Herstellung spezieller Hartmetalle gestattete, ordnete sie am 8. September die Stilllegung der Stahlerzeugung an, und 2 Tage später, am 10. September 1945, 8 Uhr morgens, wurden die Krupp-Direktoren (mit Ausnahme von Fritz Müller – verantwortlich für den Bereich Bergbau) vom gleichen *Field-Security-Service*, unter Major Airey Neave, verhaftet[33&34] und die Werke unter britische Zwangsverwaltung gestellt. Major Neave brachte die Industriellen vorerst in das Essener Gefängnis. *„Der einzige verfügbare Platz war ein feuchter unterirdischer Keller. Der Gestank... war überwältigend"* – so Major Neave. Im November 1945 wurde für den beschlagnahmten Krupp-Konzern ein „Controller" eingesetzt. Bei seinem Amtsantritt versammelte er die verbliebenen leitenden Mitarbeiter um sich, deutete zum Fenster hinaus und sprach die im Revier berühmt gewordenen Worte: *„Da draussen, meine Herren, wird nie mehr ein Schornstein rauchen. Wo einmal das Stahlgusswerk stand, werden Sträucher, Wiesen und Parks sein. Die britische Militärregierung hat beschlossen, mit Krupp für immer Schluss zu machen".*[35]

„Herr Krupp wollte keine Waffen bauen"

Bezeichnend für die generelle Haltung der Verhafteten Krupp-Direktoren ist der Wortlaut eines Interviews, das Houdremont, ein paar Monate vor seiner Verhaftung, an die Presse gegeben hat: *„Dieser Krieg tut uns ... sehr leid. Herr Krupp wollte keine Waffen bauen. Wir waren niemals eure Feinde. Krupp machte nur das was die deutsche Regierung anordnete. Wie können die Alliierten ein friedliches Europa erwarten, nachdem sie solche grosse Fabrikanlagen total zerbombt haben? Wir werden vielleicht amerikanische Anleihen brauchen um Krupp wieder aufzubauen. Sie werden sich wundern, wie schnell diese Anlagen wieder auf die Beine kommen".*[36] Dazu der Kommentar von „Modesto Bee": *„Dass Houdremont erwartet, dass Amerika kommen wird um das Zerstörte wieder aufzubauen, das das deutsche Volk selbst verschuldet hat, ist typisch für die Deutschen wie sie die Intelligenz anderer Nationen einschätzen. Es wäre wirklich erstaunlich zu wissen, wieviel Feinde wir in Deutschland hatten. Sie waren stets unsere Freunde. Nur die Toten waren Verräter. Die Deutschen glauben ohne Zweifel wir würden wieder auf ihre Heuchelei und Krokodilstränen hereinfallen und Ihnen beim Aufbau helfen, damit sie einen 3ten Weltkrieg planen können".*

In der Nacht zum 1. Dezember 1945 kam aber dann für die Spitzen der Eisenindustrie das abrupte Ende aller Illusionen. 76 Aufsichtsrat- und Vorstandsmitglieder wurden verhaftet.[37] Mit einem Schlag hatte die britische Militärregierung die Areopage an der Ruhr eingeebnet und mit einer entsprechend zündender Erklärung versehen: *„Das Gewicht der deutschen Schwerindustrie war hinter der Nazipartei, noch ehe diese an die Macht kam und der zerstörerische Ehrgeiz der Partei... rührten zu einem sehr grossen Teil von der bereits bestehenden Stärke und der Ambition der Industrie her.... Enormer persönlicher Profit und ungeheure Macht wurden ... von Männern erlangt, wie sie eben verhaftet worden sind, und beides wurde durch bewusste und kaltherzige Missachtung menschlicher Werte und menschlichen Leidens erlangt. Für sie ist kein Platz im neuen Deutschland".*[38]

Von wegen! Nicht einmal 10 Jahre später, stecken die gleichen Konzernherren, die unter Hitler Milliarden Profite zusammengerafft hatten wieder Milliarden in ihre Taschen, was sogar eine westdeutsche regierungstreue Wochenzeitung „Christ und Welt"[39] dazu anregte, von der „totalen Macht der hundert Männer" zu berichten. „Zusammengerechnet sind es 94 Männer, die in der kombinierten Funktion als Vorstände und Aufsichtsräte den Kern der westdeutschen Wirtschaft beherrschen. Sie sind als Kollektiv nur sich selbst verantwortlich...." . Wer waren diese Männer? Die Antwort war klar: Zum überwiegenden Teil waren es die gleichen Personen wie vor 1945, ja, es waren jene Kriegsverbrecher, die eigentlich entmachtet und bestraft werden sollten. Oder wie es einmal das „Wall Street Journal" formulierte: „Hitlers Armeen haben wir bezwungen, aber Hitlers Gewaltphilosophie ist nahe daran uns zu bezwingen".[40]

Das Potsdamer Abkommen war kaum unterzeichnet, da wurde schon klar was die Alliierten im Schilde führten. In einer Erklärung vor dem Kilgore-Untersuchungsausschuss des amerikanischen Senats bestätigte Russel A. Nixon, der als Bevollmächtigter der US-Regierung, mit der Aufgabe der Entflechtung der deutschen Truste und Konzerne betraut war, Ende 1945: „Die intensiven und unverantwortlichen Bemühungen, Uneinigkeit zwischen den vier Mächten zu stiften, lassen den Verdacht aufkommen, dass gewisse Elemente im State Department, im Foreign Office und im französischen Aussenministerium darauf ausgehen, einen gegen die Sowjetunion gerichteten Westblock zu schaffen".[41] Vorerwähnter Untersuchungsausschuss hatte der US-Regierung nach umfangreichen Erhebungen und zahllosen Vernehmungen nicht nur die Ausschaltung der Naziführer und Militaristen, sondern auch der deutschen Industriemagnaten empfohlen, um „den deutschen Imperialismus für immer zu vernichten und so die Entstehung eines friedlichen und demokratischen Deutschlands zu ermöglichen".[42] Die Empfehlung wurde jedoch nicht durchgeführt und verschwand in der Versenkung. Nicht durchgeführt wurde ebenso eine Anleitung des damaligen Chefs des US-Generalstabs, General George C. Marshall, „zur Denazifizierung wichtiger Geschäftsunternehmen in Deutschland", in der die Verhaftung von 1800 führenden Industriemagnaten und Bankiers vorgesehen war, denen Beteiligung an Kriegs- und Naziverbrechen nachgewiesen wurde. Der Journalist W.G. Burchett stellt dazu fest: „Der Militarismus in Deutschland sollte vernichtet werden und nie wieder den Weltfrieden bedrohen können. Die Westmächte kümmerten sich schon nach den ersten Monaten der Besetzung sehr wenig um diese Grundsätze...".[43] Vor einer 1949 eingesetzten Untersuchungskommission sagte Lawrence Wilkinson[44] unter anderem aus: „Zum Teufel mit der Entmilitarisierung Deutschlands. Wir wollen die Truste wieder aufrichten, die Industriebetriebe an ihre nazistischen Besitzer und Direktoren zurückgeben". Das haben die Westmächte dann in Westdeutschland bekanntlich restlos getan. „Clay konnte der Zivilverwaltung, mit dem Hochkommissar McCloy an der Spitze, sein Amt mit dem befriedigenden Gefühl übergeben, dass er seine Aufgabe erfüllt hatte. Die deutsche Schwerindustrie und ihre Nazidirektoren waren gerettet... den deutschen Trusten konnte nichts mehr geschehen".[45] Es waren also die Westmächte selbst die dafür sorgten, dass die Entmachtung der Nazi- und Kriegsverbrecher verhindert wurde.

Die politischen Spannungen zwischen den Alliierten verhinderten somit auch eine Fortsetzung der gemeinsamen Strafverfolgung von NS-Verbrechern[46]. Die Besatzungsmächte schufen in ihren jeweiligen Zonen, auf der Grundlage des Kontrollratsgesetzes Nr. 10 vom 20. Dezember 1945[47], eigene Militärgerichtshöfe zur

Aburteilung von NS-Kriegsverbrechern. In diesem Gesetz hatte der Alliierte Kontrollrat, durch den die vier Besatzungsmächte die „oberste Regierungsgewalt" über das besiegte Deutschland ausübten, die *„Bestrafung von Personen, die sich Kriegsverbrechen, Verbrechen gegen den Frieden oder gegen die Menschlichkeit schuldig gemacht haben"*, geregelt.

Die USA verfolgten den Anspruch, jeden Deutschen für seine Beteiligung am Nationalsozialismus zur Rechenschaft zu ziehen. Deshalb musste sich die deutsche Bevölkerung den Entnazifizierungsverfahren[48] stellen, in denen, durch Fragebögen, der jeweilige Grad der Beteiligung am NS-System geprüft wurde. Anhand der Ergebnisse wurden die Betroffenen in fünf Kategorien, vom Hauptschuldigen bis zum Mitläufer oder Entlasteten, eingestuft. Gegen ausgewählte Gruppen wurden Gerichtsverfahren angestrengt. In den zwölf sogenannten Nürnberger Folgeprozessen vom Oktober 1946 bis April 1949 wurde gegen 185 Personen der Funktionselite des Dritten Reiches Klage erhoben. Nicht nur durch die Wahl des Verhandlungsortes, sondern auch durch die Übernahme der Anklagepunkte des Nürnberger Hauptkriegsverbrecherprozesses – Verbrechen gegen den Frieden und gegen die Menschlichkeit – standen die Folgeprozesse in einer direkten Verbindung mit diesem Verfahren. Die Auslegung der Anklagepunkte wurden zudem noch erweitert. „Verbrechen gegen den Frieden" umfassten neben den Angriffskriegen auch die militärischen Einmärsche in Österreich und der Tschechoslowakei. „Verbrechen gegen die Menschlichkeit", die im Hauptkriegsverbrecherprozess auf die Kriegszeit beschränkt worden waren, wurden auf die gesamte NS-Herrschaft ausgedehnt.

Durch die Verurteilung von Funktionseliten, die sich während der NS-Herrschaft an Untaten beteiligt hatten, sollte der verbrecherische Charakter des Systems offen zutage treten und der, mit der deutschen Niederlage, politisch und militärisch vollzogene Bruch mit dem NS-Regime auch in den Köpfen der deutschen Bevölkerung verankert werden. Doch entgegen der Intention, diejenigen, die sich an den NS-Verbrechen beteiligt und somit schuldig gemacht hatten, zur Rechenschaft zu ziehen, stellte Robert Kempner, einer der Ankläger in den Folgeprozessen, fest: *„Je weiter weg von den Untaten und dem Mai 45, um so milder wurden die Anschauungen – insbesondere über die Strafhöhe. Die Klarheit über die Taten und das Beweismaterial war ungeheuer angewachsen – und sagen wir ruhig – der Mut zur Bestrafung war gesunken".*[49]

Die aktive Beteiligung Houdremont's an den Nazi-Kriegsverbrechen

Der Krupp-Prozess war der zehnte von insgesamt zwölf Folgeprozessen, der dritte und letzte Prozess gegen die Industriemanager. Gegen Alfried Krupp und elf der noch lebenden Mitgliedern des Krupp-Direktoriums, darunter Edouard Houdremont, wurde vor dem US-Militärtribunal IIIa Anklage erhoben. Der Krupp-Prozess war in vielen Hinsichten einmalig, u.a. weil es der einzige Prozess war in dem keiner der Angeklagten sich selbst verteidigte.

Die Anklageschrift enthielt vier Anklagepunkte:

- Verbrechen gegen den Frieden
- Teilnahme an Plünderung und Raub in den besetzten Gebieten in Frankreich und den Niederlanden

- Verschleppung, Ausbeutung und Missbrauch zur Sklavenarbeit, rechtswidriger Einsatz von Kriegsgefangenen zur Rüstungsproduktion
- der gemeinsame Plan und die Verschwörung.

a) „Vernichtung durch Arbeit"

In den 81 Fabriken des Krupp-Konzerns arbeiteten von 1940 bis 1945 69.898 Zwangsarbeiter, 4.978 KZ-Häftlinge und 23.076 Kriegsgefangene – insgesamt also 97.752 die, unter Bruch des Artikels 13 der Genfer Konvention zur Sklavenarbeit in den Rüstungsbetrieben der Firma Krupp eingesetzt waren. Allein in Essen waren im August 1943 11.557 "Fremdarbeiter" und 2.412 Kriegsgefangene für Krupp eingesetzt. Der Internationale Militärgerischtshof in Nürnberg kam zu der Schlussfolgerung: „Die Verschleppung zur Sklavenarbeit war vielleicht das schrecklichste und grösste Sklavenunternehmen der Geschichte".

Neben dem nahe Auschwitz neuerbauten Kruppwerk, das schon in der Standortwahl von dem Willen zeugte, nicht nur für einige Kriegsjahre, sondern für lange Zeit billige Arbeitskraft aus dem KZ zur physischen Vernichtung "verwenden" zu können, waren auch zwei Außenkommandos des KZ Buchenwald in Essen stationiert, darunter ein "SS-Arbeitskommando Friedrich Krupp Essen" . Die Idee, KZ-Insassen als Arbeitskräfte bei Krupp einzusetzen, kam anlässlich einer Zusammenkunft mit Hitler am 16. März 1942. Am 11. März 1943 wurde in einer Besprechung zwischen Krupp-Direktoren (Houdremont war mit von der Partie) beschlossen, einen Teil der Produktion nach Auschwitz auszulagern und schon im Juni 1943 lief die Produktion an, mit KZ-Insassen aus Auschwitz.[50] Edouard Houdremont hatte sich persönlich mit um die Errichtung der Krupp-Produktionsstätte in Auschwitz gekümmert und war auch sonst mit der Organisation der Beschäftigung von jüdischen KZ-Häftlingen befasst gewesen, auch wenn er gegenüber der Militärregierung, in seinem vorgenannten Memorandum, den Zwangsarbeitereinsatz bei Krupp mit keinem Wort erwähnte.[51&18] Das Militärtribunal sah als erwiesen an[52], „dass die Angeklagten Krupp, ..., Houdremont, ...sich aktiv an den Bemühungen der Firma Krupp beteiligten, nicht nur Kriegsgefangene zu beschäftigen, sondern auch KZ-Insassen bei der Herstellung von Waffen einzusetzen und für die ihnen gewährten bedauernswerten und unmenschlichen Bedingungen ....verantwortlich waren."[53&54]

Über dieses SS-Arbeitskommando berichtete der US-amerikanische Chefankläger im Nürnberger Einsatzgruppen-Prozess, Benjamin B. Ferencz: „Krupp hatte 2.000 Männer angefordert und musste sich mit 520 ungarischen Jüdinnen, zwischen zwölf und 25 Jahre alt, zufrieden geben. Sie hatten vorher mit ansehen müssen, wie ihre Eltern und Verwandten in die Gaskammern geschickt wurden. Bei Krupp war man mit der gelieferten Ware, den ‚Stücken', wie man sie dort nannte, unzufrieden. Die Mädchen werden mit Reitpeitschen zur Arbeit angetrieben, einige totgeschlagen. Als die US-Truppen nach Essen vordringen, müssen die Mädchen verschwinden. Trotz aller Transportschwierigkeiten beschließt Krupp, die Mädchen, welche die Arbeit überlebt hatten, zur weiteren Veranlassung nach Buchenwald zu schicken. Bei Krupp und später im Nürnberger Kriegsverbrecherprozess ging man davon aus, dass das Problem seine Endlösung gefunden habe. Doch die Tötungskapazitäten in Buchenwald waren kurz vor Kriegsende überfordert. Die Jüdinnen wurden weiter nach Bergen-Belsen überstellt. Viel überlebten....viele aber auch nicht."[55&56]

Genau 6 überlebten, 2 davon, die Schwestern Elisabeth und Ernestin Roth, sagten vor dem Militärtribunal aus.[57]

Houdremont begab sich mehrere Male nach Markstaedt (das heutige Laskowice Olawskie), einem Aussenlager des KZ Gross-Rosen, dessen Insassen in den Bertha-Werken der Firma Krupp (Auslagerungsbetrieb) 125-mm Geschütze herstellten.[53] Über andere, von Krupp betriebene Aussenlagerungsbetriebe, wurde Houdremont stets sorfältig unterrichtet[58] oder er begab sich an Ort und Stelle um nach dem Rechten zu sehen und um Anordnungen zu geben wie die Zusammenarbeit mit der SS besser gestaltet werden könnte.[59] *„Ungeachtet der sehr angeschlagenen Gesundheit und Schwäche der KZ-Insassen, mussten sie weiterarbeiten und Waffen für Krupp herstellen"*, sagte ein Werksarzt von Krupp vor dem Militärtribunal aus.

Der Terror gegen die Arbeiter wurde in den Krupp-Werken im Laufe des Krieges immer weiter gesteigert. Instrument der innerbetrieblichen Polizeiherrschaft war der Werkschutz, der sich als Schlägertrupp besonders hervortrat. Die Behandlung der Kruppschen Zwangsarbeiter war derart unmenschlich, dass Anfang 1942 selbst Proteste des Oberkommandos der Wehrmacht laut wurden. *„Essen als Prämie - erst Leistung, dann Betreuung. Keinerlei Veständnis bei Leitung"* – so der Bericht einer Untersuchungskommission beim „Generalbevollmächtigten für den Arbeitseinsatz" Ende 1942 zu den Zuständen in den sogenannten Ostarbeitslagern des Ruhrgebiets.[60] Dr. Wilhelm Jäger, Chef-Betriebsarzt bei Krupp, schilderte ausführlich, in eidesstattlichen Erklärungen vor dem Nürnberger Tribunal, die Lage der französischen und sowjetischen Kriegsgefangenen in den Krupp-Betrieben.[61&62]

Die Parole lautete „Vernichtung durch Arbeit".[63]

In den Rüstungsbetrieben starben nach Angaben des Auschwitz-Kommandanten Rudolf Höss monatlich jeder fünfte KZ-Arbeiter. Berichte über die Todesumstände wurden nicht gefordert, die Lager lieferten prompten Nachschub an Daimler-Benz, IG-Farben, Flick, Thyssen und Krupp – letztlich an jede Adresse der deutschen Wirtschaft, die Bedarf anmeldete.

Die ersten Zwangsarbeiter kamen 1942 aus Polen. Bei Razzien wurden sie zusammengetrieben und nach Deutschland verfrachtet, wo sie zunächst in der von Houdremont geleiteten Gussstahlfabrik von Krupp eingesetzt wurden. Polnische Gefangene brachte man aber auch in die Rüstungsbetriebe von Krupp in die Elsässische Maschinenfabrik (Elmag). 1943 scheute sich Krupp nicht einmal, polnische Kinder im Alter von 12 bis 17 Jahren auszubeuten.[64]

Die „Drecksarbeit" überliess das Direktorium selbstverständlich Gestapo, SD und den Arbeitsdiensten. Aus den Unterlagen zu den Rekrutierungsaktionen geht aber klar hervor, dass u.a. Krupp und Houdremont über die „Rekrutierungen" regelmässig informiert wurden. Das Tribunal schlussfolgerte, dass die Angeklagten wohl kaum sagen könnten, diese Arbeiter hätten „freiwillig" in den Krupp-Werken gearbeitet. Von Anfang an, als die Rekrutierungsmassnahmen begannen, waren der Angeklagte Houdremont und seine Spiessgesellen darüber informiert, wie polnische, dann russische und viele andere Arbeiter in Lager eingepfercht wurden und diese nur unter Bewachung verlassen konnten, um, nach sehr langen Märschen, die Arbeit in den Krupp-Werken aufzunehmen. Es wurden genaue statistische Erhebungen gemacht, die dem Direktorium vorgelegt wurden[65]. Da alle Angeklagten ihre Hauptquartiere in Essen hatten, konnten sie jeden Tag beobachten wie die „Sklavenarbeit" verrichtet wurde, so „auch Houdremont, als Werksleiter in Essen", so das Tribunal. Die Werksleiter stellten die Anträge für weitere „Sklavenarbeiter", bestimmten sogar selbst welche speziellen „Kategorien" von Arbeiter sie haben wollten. Kein anderer privater Betrieb, ausser Krupp, beschäftigte Frauen aus Konzentrationslager – und das insbesondere in den Werken, die von Houdremont geleitet wurden. Die Arbeitsanweisungen wurden zwar meist von „offiziellen" Stellen aufgestellt, aber die Ausführungen oblagen den „Angeklagten", als Betriebsverantwortliche. *„Die Unterbringung war in den seltensten Fällen als menschlich zu bezeichnen".*

b) *„Rothschild musste in die Gaskammer, damit Krupp sich bereichern konnte"*[66]

Houdremont tat sich aber nicht nur hervor bei der Rekrutierung, beim Einsatz und der Ausbeutung, bzw. Vernichtung von KZ-Häftlingen und Zwangsarbeitern in den Krupp-Werken. Er erwies sich auch als ein Meister, wenn es darum ging, Betriebe in den von den Nazis besetzten Gebieten, der Krupp-Gruppe einzuverleiben oder einfach auszuplündern.

Nach dem Überfall auf Polen wandte sich der deutsche Faschismus gegen Norwegen, Dänemark, Belgien, Niederlande, Luxemburg, Frankreich, Jugoslawien und Griechenland und demonstrierte, wie die „Neuordnung Europas" aussehen sollte. Neben den systematischen Terror und die Ausrottungskampagne, besonders gegen das polnische Volk, trat die wohlorganisierte Ausplünderungspolitik durch die deutschen Grossunternehmen. Besonders die Schwerindustriellen des Ruhrgebietes, Flick-Konzern, IG-Farben und Krupp, begannen die Beute, darunter Fabriken und Gruben in Oberschlesien, der Sowjetunion, Belgien und Lothringen, sofort nach den ersten militärischen Erfolgen unter ihre „Treuhandschaft" zu nehmen.

Die veröffentlichten Dokumente über die Initiative und selbsttätige Rolle der grossen Betriebe bei der Ausplünderung der unterworfenen Völker Europas, verweisen jene Behauptungen ins Reich der Legende, die in der Person Hitlers oder im Rassenwahn des Nationalsozialismus die Hauptursache für die Barbarei der deutschen Kriegsführung suchen. Sie widerlegen auch die „Totalitarismus"-Theoretiker, die in den grossen Konzernen nur abhängige Ausführungsorgane des totalitären Staates sehen wollen. In Wirklichkeit haben die Grossbanken, die führenden Konzerne der Schwerindustrie, der Chemie und Elektrobranche, nicht nur die Beseitigung der Weimarer Republik sowie die militärische Aufrüstung betrieben; sie haben nicht nur im Krieg ungeheure Gewinne erzielt, sondern haben auch die Ausplünderung Europas entscheidend mit geplant und mit organisiert.[67] Bereits am 25. April 1933 legte Krupp, im Auftrag und im Namen des „Reichsverbandes der Deutschen Industrie", der NS-Regierung einen „Plan zur Neugestaltung der deutschen Wirtschaft" vor, um ihn mit Hitlers *„wirtschaftlichen Massnahmen und politischen Notwendigkeiten in Einklang zu bringen".*

Das Internationale Militärtribunal in Nürnberg befasste sich eingehend mit der Teilnahme der Krupp-Manager an den Beute- und Raubzügen in den eroberten Gebieten. Wo etwas zum

Konzern Passendes zu holen war, stellten sich desssen Führungskräfte, Houdremont und Co, ein. Derartige Aktionen erhielten natürlich ihre justizförmigen Verkleidungen. Was an Industriebetrieben von Bedeutung war, wurde zum Sondervermögen des Reiches erklärt und erhielt zunächst „Paten", die sie in Gang setzen und betreiben sollten. Dafür wurde ihnen spätere Berücksichtigung bei der endgültigen Regelung der Eigentumsverhältnisse in Aussicht gestellt.[68]

Zum Zeitpunkt des Überfalls auf die Sowjetunion am 22. Juni 1941, erliess die Reichsregierung ein Erlass betreffend die Verwaltung der besetzten Gebiete. Mit diesem Erlass wurde die Haager Landkriegsordnung für die besetzten Gebiete ausser Kraft gesetzt, da die Sowjetunion als „aufgelöst" betrachtet wurde und dem Reich demnach die „Pflicht" oblag alle Regierungs- und Souveränitätsrechte „im Interesse" der Bevölkerung zu übernehmen. Ein Ausführungsdekret (Weisung) regelte die Fragen, die sich in Verbindung mit der „Plünderung" von Rohstoffen und Material ergeben könnten. Schon am 19. Oktober 1939 hatte der Angeklagte Göring eine Weisung ausgegeben, die genaue Richtlinien für die Verwaltung der besetzten Gebiete enthielt; sie sah vor:

„Die Aufgabenstellung für die wirtschaftliche Behandlung der einzelnen Verwaltungsbezirke ist verschieden, je nachdem, ob es sich um Land handelt, welches dem Deutschen Reich politisch angegliedert wird, oder um das Generalgouvernement, das voraussichtlich nicht zum Reichsgebiet geschlagen werden wird. Während in den erstgenannten Bezirken der Auf- und Ausbau der Wirtschaft, die Erhaltung ihrer Produktionskraft und ihrer Vorräte, und die möglichst rasche und vollständige Eingliederung in die gesamtdeutsche Wirtschaft zu betreiben ist, müssen aus den Gebieten des Generalgouvernements alle für die deutsche Kriegswirtschaft brauchbaren Rohstoffe, Altstoffe, Maschinen usw. herausgenommen werden. Betriebe, die nicht für die notdürftige Aufrechterhaltung des nackten Lebens der Bewohnerschaft unbedingt notwendig sind, müssen nach Deutschland überführt werden, soweit nicht die Überführung unverhältnismäßig viel Zeit erfordert und deshalb ihre Beschäftigung mit deutschen Aufträgen an Ort und Stelle zweckmäßiger ist."

Nachdem die „Patenschaften" für Fabriken im Osten von Krupp genehmigt waren, wurden die Dienststellen in Essen sehr schnell aktiv. Krupp schickte Amtshilfe in die anvisierten Fabriken. Houdremont's erster Chef-Assistent Rosenbaum begab sich gleich dreimal in die besetzten Gebiete. Houdremont schlug vor ein „Sekretariat Russland" in Berlin einzurichten. Schon bald danach liefen die ersten Transporte mit Material und Maschinen aus der Maschinenfabrik Kramatorsk nach Deutschland. Die mit „Ivan" gekennzeichneten Maschinen wurden nach Markstaedt (dem heutigen Laskowice Olawskie), einem Aussenlager des KZ Gross-Rosen, weitergeleitet.[53] In einem Schreiben von Krupp-Manager Erich Müller „an die Angeklagten Houdremont...."[69], wird berichtet, dass eine Anzahl von Maschinentransporten aus der Ukraine in Auschwitz, der Krupp-Produktionsstätte, angekommen seien.

Alfried Krupp und Houdremont (neben 4 anderen Direktoriumsmitglieder), wurden vom Militärtribunal auch für schuldig befunden, an der Plünderung französischer Firmen aktiv beteiligt gewesen zu sein: der Betrieb ELMAG („Elsessässische Maschinenfabrik AG, ehem. Société Alsacienne des Constructions Mécaniques) in Mühlhausen, die Werke ALSTHOM in Belfort, sowie die Austin-Werke in Liancourt, usw. Die ehemaligen Besitzerrechte wurden einfach ignoriert, und wie im Fall ELMAG (Maschinenhersteller für die Textilindustrie), wurden die Betriebe fast integral auf die Produktion von Kriegsmaterial umgestellt. Das ELMAG-Management berichtete an den Essen-Krupp Vorstand, also nach April 1943 direkt an Edouard Houdremont. Ein Bericht[70], über die Art und Weise wie bei der „Maschinenbeschaffung" in Frankreich vorgegangen werden sollte, wurde eindeutig auf Initiative Houdremont's verfasst. U.a. sollten die Maschinentransporte „eskortiert" werden, um die Ankunft an den Bestimmungsorten zu beschleunigen. Ausgaben für Maschinen deren Wert 5.000 Reichsmark überschritten, mussten von Houdremont genehmigt werden. Ab 10.000 Reichsmark, gab Alfried Krupp seinen Segen. Als die Alliierten Truppen im Herbst 1944 in die Vogesen vorrückten, wurden Alfried Krupp und Edouard Houdremont am 2. September 1944 von einem Krupp-Vertreter vor Ort, darüber informiert, dass „auf Geheiss des Reichsministers Albert Speer" die gesamten Rüstungsgüter aus Mühlhausen in Krupp-Werke nach Deutschland zu transferieren seien. Das Krupp-Management kam dieser Aufforderung sofort und ohne Umschweife nach.

Die Maschinen der Austin-Werke (Fertigungslinie von Traktoren) in Liancourt wurden entweder verkauft oder in Krupp-eigenen Betrieben wieder aufgebaut. Zur Abwicklung der Austin-Aneignung wurde eine eigens von Krupp geschaffene Kapitalgesellschaft in Paris eingerichtet, die „Krupp Société Anonyme Française", und zwar am Boulevard Haussmann 141. Das Gebäude gehörte vordem der jüdischen Firma „Société Bacri Frères" und wurde beim Einmarsch der Deutschen vom Kommissar für jüdische Angelegenheiten sequestriert. Es stand der Aneignung durch Krupp nichts mehr im Weg. Einige Tage vor dem Einrücken der US-Truppen, verliessen die Krupp-Arbeiter die Austin-Werke, nicht ohne vorher 18 Maschinen abgebaut und nach Deutschland verfrachtet zu haben. Das gesamte Krupp-Direktorium war in die Abwicklungen um die Plünderung der Austin-Werke beteiligt.

In den Niederlanden hatte Krupp schon vor dem Einmarsch der Deutschen mehrere Firmen erworben. Während der Besatzung durch die Nazis wurden etliche niederländische Firmen gezwungen für die deutsche Rüstung zu arbeiten. Im Rahmen des 1942 aufgelegten Programms „Lager-Aktion" erlaubten sich die Deutschen, die Produkte niederländischer Firmen zu beschlagnahmen und nach Deutschland zu verschicken, darunter um die 16.000 Tonnen Material, der zum grossen Teil an die Krupp-Werke ging. Diese Plünderungen gingen bis Mai 1945 weiter, da die Niederlande nur zu einem kleinen Teil von US-Truppen befreit worden waren. Sie wurden besonders in der Zeit von November 1944 bis Mai 1945 systematisch vorangetrieben, da die Industriegebiete des Ruhrgebiets seit Herbst 1944 unter alliierter Bombardierung standen, so auch die Houdremont Gussstahlfabrik in Essen. Auf Vorschlag des Rüstungsministers Speer, wurden zwei Krupp-Vertreter von Houdremont's Rechtsabteilung nach Holland beordert, um die nach Deutschland zu transferierenden Maschinen in Augenschein zu nehmen zur späteren Überführung in die Krupp-Werke an der Ruhr. Edouard Houdremont übernahm persönlich die Aufsicht dieser Plünderungsaktion.[71]

Diese und andere Plünderungen und Enteignungen geschahen unter grober Missachtung der Haager Landkriegsordnung[72], die in Artikel 43 verfügt, dass „... *die im Land geltenden Gesetze aufrechterhalten*" werden sollen. Artikel 46 besagt: „... *Das Privateigentum darf nicht eingezogen werden*". Ein internes Krupp-Memorandum[73] vom 21. Juli 1943, d.h. drei Monate nach Houdremont's Beförderung zum ordentlichen Vorstandsmitglied, hielt fest, dass, laut Rechtsanwalt Kurt Schuermann (aus der Rechtsabteilung der Firma Krupp – direkt dem Vorstand unterstellt), die Betriebsbesetzungen und –plünderungen klar gegen die

Haager Landkriegsordnung verstossen. Wir verwiesen bereits (siehe oben) auf einen Beitrag aus der britischen Zeitung „The Financial News" vom 15. Juli 1943.[25] Solche Informationen konnten die Krupp-Plünderer aber nicht davon abhalten, das Zusammengeraffte sich anzueignen oder nach Deutschland zu überführen.

c) „Gebt mit vier Jahre Zeit"

Im Reichsgesetzblatt vom 24. März 1933 wurde der erste Vierjahresplan unter der Bezeichnung „Gesetz zur Behebung der Not von Volk und Reich" verkündet. Der zweite Vierjahresplan „Gebt mit vier Jahre Zeit", wurde im Reichsgestzblatt vom 19. Oktober 1936 als „Verordnung zur Durchführung des Vierjahresplanes" veröffentlicht.

Dieser zweite Vierjahresplan wurde durch eine geheime, im August 1936, verfasste Denkschrift Adolf Hitlers befohlen. Diese war eingeleitet mit der Feststellung, dass ein Krieg mit der Sowjetunion unvermeidlich sei. Die zentralen Forderungen Hitlers in seiner Denkschrift zum Vierjahresplans waren:

1. „Die deutsche Armee muss in vier Jahren einsatzfähig sein."

2. „Die deutsche Wirtschaft muss in vier Jahren kriegsfähig sein."

Die Versuchsanstalten, Stahlwerke und Gruben der Firma Krupp sollten Deutschland selbstversorgend und unbesiegbar machen. In Zusammenarbeit mit den Vierjahresplan-Behörden wurden, unter der Leitung Houdremont's, die entsprechenden Forschungen vorangetrieben. Die Resultate dieser Forschungen wurden von sämtlichen deutschen Rüstungsbetrieben genutzt. Houdremont wurde für seine „Verdienste" zum Wehrwirtschaftsführer ernannt und zum Berater der staatseignen Hermann-Goering-Werke (Goering selbst wurde Beauftragter - später Bevollmächtigter - für den Vierjahresplan) berufen, um zu allen Fragen der Autarkie der deutschen Wirtschaft seinen Beitrag zu leisten. Houdremont war auch am 17. Dezember 1936 zugegen, als Göring vor über 100 Industriellen eine Rede im Preußenhaus über die Durchführung des Vierjahresplans hielt. In dieser Rede äußerte er: „Es ist kein Ende der Aufrüstung abzusehen. Allein entscheidend ist hier der Sieg oder Untergang. ... Wir stehen bereits in der Mobilmachung und im Krieg, es wird nur noch nicht geschossen".

Mit Houdremont als Spezialberater für den Bereich „Metallurgie", delegierte Krupp seine Mitarbeiter zu den Besprechungen wo Pläne für eine weitestgehende Autarkie der deutschen Wirtschaft diskutiert wurden. Die Wirtschaftsgruppe „Eisenschaffende Industrie", in der die Krupp Vertreter in führenden Positionen mitwirkten, sagte dem Vierjahresplan seine volle Unterstützung zu.

Das Urteil gegen Houdremont

Die Krupp-Manager wurden von dem Anklagevorwurf, einen Angriffskrieg geplant und sich gegen den Frieden verschworen zu haben, freigesprochen, andererseits aber wegen „Sklavenarbeit" und der Ausplünderung des besetzten Europa verurteilt.

Im Wortlaut erging am 31. Juli 1948 folgendes Urteil an den Angeklagten Houdremont:

Vorsitzender Richter Hu C. Anderson: *„Das Tribunal wird jetzt die Urteile über jene Angeklagten aussprechen die für schuldig befunden wurden, und da ich mit meinen Kollegen über diese Phase der Angelegenheit leider nicht einverstanden bin, bitte ich sie diese Aufgabe zu übernehmen. Richter Daly."*

Richter Edward J. Daly: *„Der Angeklagte EDUARD HOUDREMONT erhebe sich.*

Hinsichtlich der Anklagepunkte für die Sie für schuldig befunden wurden, verurteilt Sie das Gericht zu zehn Jahren Haft. Die von Ihnen, vor und während des Gerichtsverfahrens, verbrachte Zeit in Gefangenschaft wird Ihnen auf die bereits festgelegt Laufzeit angerechnet werden und somit wird der Beginn der so eben festgelegte Freiheitsstrafe auf den 10. September 1945 festgelegt."

Nach der Verlesung des Urteils, entschuldigte Richter Daly die Angeklagten so wie sie aus gesundheitlichen Gründen den Verfahren nicht immer beiwohnten konnten. Er fügte hinzu, dass die Angeklagten nur zu Freiheitsstrafen verurteilt worden sind, und dass sie während ihrer Gefangenschaft keinen weiteren gesundheitsschädlichen Behandlungen ausgesetzt werden sollten. Um diesbezüglich alles zu vermeiden, was der Gesundheit der Angeklagten schaden könnte, wurde General Lucius D. Clay, Militärgouverneur der US-Zone in Deutschland, darüber informiert. Sollte Clay das Urteil eines Angeklagten aus vorgenannten Gründen abändern wollen, so kann er, das aufgrund des Artikels XVII der Verordnung Nr. 7 der US-Militärregierung in Deutschland, tun.

Kaum waren die Angeklagten, nach ihrer Verurteilung, zurück ins Militärgefängnis von Landsberg überführt, da regten sich schon die „alten Kameraden". Rührend kümmerten sie sich um ihre einsitzenden Geschäftskollegen. Sie richteten Appelle an McCloy's Vorgänger, den US-Militärgouverneur Lucius D. Clay, und an das Oberste US-Gericht. Da ihren Bemühungen eine Abfuhr erteilt wurde, verlegten sie sich darauf für ihre „Kameraden" jegliche Arten von Hafterleichterungen zu erreichen. So drängte 1949 der „Verein deutscher Eisenhüttenleute" den Landsberger Gefängnisdirektor; Colonel Graham, dazu, den Gefangenen, zum Zeitvertreib, sinnvollere Arbeiten anzuvertrauen. Im Rahmen dieser Bemühungen wurde es Houdremont erlaubt seine Forschungen weiterzubetreiben und die zweite Ausgabe seines „Handbuchs der Sonderstahlkunde" vorzubereiten.

Der Vorsitzende des „Vereins deutscher Eisenhüttenleute", Hermann Reusch, Leiter der Gutehoffnungshütte, schlug in einem Rundschreiben an seine Kollegen vor, den inhaftierten Kameraden öfters Briefe zu schreiben um sie aufzumuntern. Die „Amerikanische Hohe Kommission Deutschland" (HICOG) erhielt von einem Gewerkschaftsverteter eine Abschrift dieses Rundschreibens. Dazu ein Kommentar des HICOG: *„Das Rundschreiben und andere Unterlagen sind sehr aufschlussreich, belegen sie doch wie die Stahlbarone der Ruhr sich mit jenen identifizieten die der Naziverbrechen überführt worden waren....".*[74] In den Augen des HICOG war *„den deutschen Industriellen nicht zu trauen, nicht mal hinter Gittern".*

Die Begnadigung und Entlassung der Kriegsverbrecher

Das historische Gedächtnis der Amerikaner ist bekanntermassen sehr kurz. Die leidenschaftliche antideutsche Haltung aus der Kriegszeit schien nicht mal so lange vorzuhalten, wie sich die Prozesse gegen Kriegsverbrecher hinzogen. Die Anti-Hitler-Koalition brach allmählich auseinander; die amerikanische Politik wandte sich im Zeichen des Antikommunismus zunehmend gegen die Sowjetunion. Der Wandel der US-Politik wurde durch die als „Truman-Doktrin" bekannt gewordene Rede des US-Präsidenten Harry S. Truman vom 12. März 1947 festgeschrieben. Der Kalte Krieg war endgültig, und über viele Jahre, eingeläutet.

Und je mehr diese Entwicklung zu greifen begann, desto mehr wurden die Nürnberger Folgeprozesse und die in Landsberg inhaftierten Kriegsverbrecher zu einem Problem.

Das Überdenken der Haltung der Amerikaner gegenüber Deutschland war aber nicht nur das Ergebnis des Kalten Krieges. Die Mehrheit der deutschen Bevölkerung stand den Nürnberger Folgeprozessen zunehmend ablehnend gegenüber. In Deutschland sprach man gemeinhin von den „Landsbergern" und nicht mehr von Kriegsverbrechern. Die bekanntesten Fürsprecher der Kriegsverbrecher kamen, wie nicht anders zu erwarten, aus den Reihen der Juristen und Kirchenmänner.

Kardinal Frings, der Vorsitzende der Fuldarer Bischofskonferenz und ein Freund Konrad Adenauers, setzte sich für eine Umwandlung der Todesurteile in Haftstrafen ein. Auch der Münchener Weihbischof Johannes Neuhäusler wirkte intensiv auf US-Parlamentarier ein zugunsten der in Landsberg Inhaftierten, ein nahezu verständnisloses Unterfangen, wenn man bedenkt, dass Neuhäusler selbst als Sonderhäftling in Sachsenhausen und Dachau eingesessen hatte. Dank des Einsatzes von Frings und Neuhäusler wurde sogar ein Brief vom Vatikan beigebracht, der Gnade für die verurteilten Kriegsverbrecher verlangte.[75]

Die protestantische Kirche war nicht minder aktiv. Die Bischöfe Hans Meiser, in München, und Theophil Wurm, in Stuttgart, führten die Kampagne an, in der sie auch Unterstützung erhielten von Otto Dibelius, dem Vorsitzenden des Rates der Evangelischen Kirche, und vom Kirchenpräsidenten der Evangelischen Kirche in Hessen-Nassau, Martin Niemöller. Eine Denkschrift von 1949 erbat die Nachprüfung der Urteile durch eine Berufungsinstanz.

Die Kampagne für die Landsberger Kriegsverbrecher erreichte ihren Höhepunkt, als McCloy anonyme Morddrohungen erhielt und Leibwächter zum Schutz seiner Kinder bereitgestellt werden mussten.

Die Regierung unter Konrad Adenauer kam dem gesellschaftlichen Druck nach[76] und forderte eine umfassende Amnestie sowie die Aussetzung der Vollstreckung von verhängten Todesurteilen. Für die Amerikaner, die Quadratur des Kreises: auf der einen Seite war Deutschland ihr Bündnispartner, auf der anderen Seite waren sie darauf bedacht, die Nürnberger Prinizipien nicht in Frage zu stellen.

Dem seit 1949 eingesetzten amerikanischen Hochkommissar John McCloy[77] oblag es nun die Entspannung dieser Situation herbeizuführen.

Am 31. Januar 1951 gab McCloy seine endgültige Entscheidung über die Gnadengesuche von 94 deutschen Kriegsverbrechern bekannt, wovon 89 im Gefängnis von Landsberg einsassen. In 80 Fällen (davon 79 in Landsberg) lagen für den Hohen Kommissar offenbar ausreichende Gründe vor, die eine Verringerung der Strafen rechtfertigte. 8 Todesurteile wurden in Haftstrafen umgewandelt (bis 1958 waren alle entlassen). Aufgrund der Anrechnung von Untersuchungshaft und guter Führung führten die Urteilsminderungen, bekanntgegeben im „Landesberg: A Documentary Report", zur sofortigen Entlassung von über 30 Gefangenen, darunter auch Edouard Houdremont. Mit einem Federstrich von McCloy wurden sämtliche Juristen und Manager der Industriebetriebe IG Farben, Flick und Krupp zum 1. Februar 1951 auf freien Fuss gesetzt.

Am 7. Juni 1951 erhielt McCloy „grünes Licht" zur Hinrichtung der 7 Kriegsverbrecher, denen keine Strafminderung zugestanden worden war – die letzten Hinrichtungen von Kriegsverbrechern in der Bundesrepublik. Eine letzte „pièce de résistance", wie Jörg Friedrich[78] es ausdrückte. „Die öffentliche Aufruhr über die Hinrichtung dieser blutrünstigen Schlächter unterstreicht das Versagen von Nürnberg". Die Verbindungsstelle des Hohen Kommissars berichtete aber dennoch: „die Reaktion... ist weitaus befriedigender ausgefallen, als man ... hatte erwarten dürfen".

Insgesamt signalisierten die Entscheidungen des Hohen Kommissars, die als eine Geste der Versöhnung angelegt waren, das Ende alliierter Bestrafungspolitik gegenüber Deutschland. Bis an sein Lebensende wehrte sich McCloy gegen den Vorwurf politischer Zweckorientierung. Wie immer im einzelnen motiviert, trug McCloys Entscheidung dazu bei, dass das Programm zur Bestrafung der Kriegsverbrecher abbröckelte. Der ehemalige Nürnberger Ankläger Telford Taylor verdammte McCloys Entscheidung als eine „Verkörperung des politischen Opportunismus". Taylor schloss mit der Bemerkung, McCloys Entscheidung habe „den Grundsätzen des Völkerrechts einen schweren Schlag versetzt, ebenso aber die Prinzipien, für die wir in den Krieg gegangen sind".[79]

Wenngleich die USA an den Prinzipien von Nürnberg festhielten, so bewirkten die Haftminderungen und vorzeitigen Entlassungen dennoch die reibungslose Integration von Kriegsverbrechern in die deutsche Nachkriegsgesellschaft. Die Prozesse, und die von ihnen transportierte Botschaft, verschwanden rasch aus dem kollektiven Gedächtnis der Deutschen, und anscheinend auch aus jenem des luxemburgischen Historikers Raymond Schaack.

Schumann Jim

Dezember 2012

Quellenhinweise

[1] Im nachfolgenden Beitrag wird auf jedweden Hinweis auf die Ausführungen von Raymond Schaack verzichtet

[2] Tageblatt-Notiz vom 16. November 1935 (das Tageblatt ist eine linksorientierte Tageszeitung in Luxemburg), und, Ulrich Kalkmann „Die Technische Hochschule Aachen im Dritten Reich (1933-1945)", Verlagshaus Mainz, Aachen, 2003

[3] „Die Luxemburger im Reich", Luxemburger Wort („Alle Prüfungen mit Auszeichnung bestanden") und Tageblatt („Ein Leben im Dienst der Industrie"), 16. Januar 1943 – „.... kommt... Dr. Houdremont die ganz besondere Bedeutung zu, dass er berufen ist, in der grössten Schicksalstunde des deutschen Volkes und im Augenblick der neuen Reichwerdung eine entscheidende Aufgabe zu erfüllen" – Luxemburger Wort, gez. Eugen Ewert

[4] „An entscheidender Stelle der deutschen Kriegswirtschaft – Prof. Dr. Paul Görens und Prof. Dr. Ed. Houdremont im Vorstand der Firma Krupp in Essen", Luxemburger Wort und Tageblatt, 9. April 1943

[5] „Die grössere Heimat: Deutschland – Zu einer soeben erschienenen Broschüre über die „Luxemburger im Reich"", Luxemburger Wort, 29. August 1943

[6] Als „Wehrwirtschaftsführer", vom Wehrwirtschafts- und Rüstungsamt im Oberkommando der Wehrmacht ernannt, musste Houdremont eine Erklärung der politischen Korrektheit unterbreiten in der er sich, ohne Einschränkung, dem nationalsozialistischen Staat verpflichtete (genauer Wortlaut in „Trials of War Criminals before the Nuernberg Military Tribunals"[7])

[7] Passage eines Berichtes von Speer über eine „Reise an Rhein und Ruhr" vom November 1944 – in Klaus-Dietmar Henke, "Die amerikanische Besetzung Deutschlands", Quellen und Darstellungen zur Zeitgeschichte, Hrsg. Institut für Zeitgeschichte, Band 27, 3te Auflage, R. Oldenbourg Verlag, München, 2009, S. 518

[8] Trials of War Criminals before the Nuernberg Military Tribunals under Control Council Law No. 10, Volume IX, "The Krupp Case", US Government Printing Office, Washington, 1950

[9] Law Reports of Trials of War Criminals, Selected and prepared by the United Nations War Crimes Commission, Vol. X, The I.G. Farben and Krupp Trials, His Majesty's Stationery Office, London, 1949

[10] Siehe dazu - Harold James, „Krupp – Deutsche Legende und globales Unternehmen", Verlag C.H.Beck, München, 2011, S. 201-203

[11] Ulrich Kalkmann „Die Technische Hochschule Aachen im Dritten Reich (1933-1945)", Verlagshaus Mainz, Aachen, 2003

[12] Fragebogen der Militärregierung vom 10. September 1946, in HStA Düsseldorf, NW 1079, HA Sk Ac, 9794, oBl.

[13] Tageblatt, 22. Mai 1948, « Edouard Houdremont setzte auf Krupp – Ein geborener Luxemburger vor dem Nürnberger Gericht », gez. F.G.

[14] Luxemburger Wort, 2. August 1948, „Urteilsspruch im Krupp-Prozess", Tageblatt, 2. August 1948, „12 Jahre Gefängnis für Alfred Krupp"

[15] Helmut Heiber, „Universität unterm Hakenkreuz", 3 Bde., De Gruyter Saur München, 1991/1992

[16] Gerd Hortleder, „Das Gesellschaftsbild des Ingenieurs – Zum politischen Verhalten der Technischen Intelligenz in Deutschland", Suhrkamp Verlag, Frankfurt/Main, 1970

[17] Aussage von Alfried Krupp vor dem Nürnberger Militärtribunal – zit. nach Ulrich Sander, „Von Arisierung bis Zwangsarbeit – Verbrechen der Wirtschaft an Rhein und Ruhr 1933 bis 1945", PapyRossa Verlag, Köln, 2012, S.85

[18] Der Prozess gegen die Hauptkriegsverbrecher vor dem Internationalen Militärgerichtshof. Nürnberg 14. November 1945 – 1. Oktober 1946. Amtlicher Text Verhandlungsniederschriften. Nürnberg 1947, Band 1., S. 203 f., Komet, Frechen, 2001

[19] Ulrike Hörster-Philipps, „Wer war Hitler wirklich?" Pahl-Rugenstein Verlag Köln, 1978, S. 173f

[20] Schreiben der Fried. Krupp, gez. Houdremont, an Oberst Edson D. Raff, "Commander of the Essen Zone", vom 25.5.1945, Krupp-Archiv, WA VII f 1423

[21] Trials of War Criminals before the Nuernberg Military Tribunals under Control Council Law No. 10, Volume IX, "The Krupp Case", US Government Printing Office, Washington, 1950, S. 19 u. S. 100

[22] Eine der höchsten Auszeichnungen der Deutschen Arbeitsfront(DAF) für so genannte Musterbetriebe

[23] Stenographische Protokolle der Verhandlungen vor dem Militärgerichtshof III, Fall X, S. 112 – Verhandlung vom 8.12.1947

[24] Zitiert nach »Allgemeine Zeitung» (Organ der US-Besatzungsmacht), Berlin, 12. Oktober 1945

[25] „Verbindungsstelle Eisen für Schrifttum und Presse", Düsseldorf, war eine Gemeinschaftseinrichtung der nordwestlichen Gruppe des „Vereins deutscher Eisen- und Stahlindustrieller", die die wichtigsten Nazi-Industriellen mit geheimen und vertraulichen Informationen versorgte – für die Firma Krupp war Friedrich von Buelow der Verbindungsoffizier, Krupps Vertreter bei Presse und Propaganda

[26] Trials of War Criminals before the Nuernberg Military Tribunals under Control Council Law No. 10, Volume IX, "The Krupp Case", US Government Printing Office, Washington, 1950, S. 19 u. S. 110/111

[27] Aktenvermerk eines leitenden Angestellten über eine „Aussprache mit Herrn Prof. Houdremont am 5.3.1945 in Essen", Krupp-Archiv, WA VII f 1134

[28] „Notizen aus der Besprechung mit Herren der amerikanischen Besatzungsbehörde am 13.4.1945", Krupp-Archiv, WA 42/227

[29] Rheinisch-Westfälisches Wirtschaftsarchiv, Köln, 25-27-1

[30] „Aktenvermerk über eine Besprechung am 11. Mai, 16 Uhr nachmittags, bei Professor Houdremont" vom 14.5.1945, Haniel-Archiv, 4001016/16

[31] Schreiben an Oberst Edson D. Raff, Essen, vom 18.5.1945, Krupp-Archiv, WA IV 2601

[32] Eintrag vom 12.5.1945 im Tagebuch Funkmann, Rheinhausen, Krupp-Archiv, WA 70/04001

[33] Eine ausführliche Schilderung der Festnahme des Krupp-Direktoriums bei Airey Neave, Nuremberg. „A Personal Record of the Trial of the Major Nazi War Criminals in 1945-1946", London, 1978, S. 32f f.

[34] The Advertiser, Adelaide, 3.12.1945, „German Steel Men Held – Nights Raids on Ruhr Homes"

[35] Zitiert nach Airey Neave, Nuremberg. „A Personal Record of the Trial of the Major Nazi War Criminals in 1945-1946", London, 1978, S. 33

[36] The Modesty Bee, „Poor Krupp", 11.5.1945

[37] Die Neue Rheinische Zeitung veröffentlichte sämtliche Namen der Verhafteten unter der Schlagzeile „Verhaftungen in der Schwerindustrie", 5.12.1945

[38] Times, 3.12.1945

[39] Christ und Welt, 4. September 1964

[40] Wall Street Journal, 30.10.1945

[41] In Wilfred Graham Burchett, „Der kalte Krieg in Deutschland", Volk und Welt, Berlin, 1950

[42] Sie dazu – James S. Allen, « Weltmonopol und Frieden », Dietz Verlag, Berlin, 1951, S. 12

[43] In Wilfred Graham Burchett, „Der kalte Krieg in Deutschland", Volk und Welt, Berlin, 1950

[44] Lawrence Wilkinson, zuerst Leiter der Industrieabteilung der amerikanischen Militärregierung und später persönlicher Wirtschaftsberater von General Clay

[45] In Wilfred Graham Burchett, „Der kalte Krieg in Deutschland", Volk und Welt, Berlin, 1950, S. 251

[46] Der Nürnberger Hauptkriegsverbrecherprozess blieb das einzige, von den vier Siegermächten, gemeinsam getragene Verfahren

[47] Kontrollratsgesetz Nr. 10 „Bestrafung von Personen, die sich Kriegsverbrechen, Verbrechen gegen de Frieden oder gegen die Menschlichkeit schuldig gemacht haben", vom 20. Dezember 1945, www.verfassungen.de/de/de45-49/kr-gesetz10.htm

[48] Gesetz Nr. 104 zur „Befreiung von Nationalsozialismus und Militarismus" vom 5. März 1946, www.verfassungen.de/de/bw/wuertt-b-befreiungsgesetz46.htm

[49] Robert M. W. Kempner, „Ankläger einer Epoche. Lebenserinnerungen", in Zusammenarbeit mit Jörg Friedrich, Ullstein Verlag, Frankfurt/Main, 1983

[50] Law Reports of Trials of War Criminals, Selected and prepared by the United Nations War Crimes Commission, Vol. X, The I.G. Farben and Krupp Trials, His Majesty's Stationery Office, London, 1949, S. 100

[51] Vgl. Trials of War Crininals, IX: The Krupp Case, S. 1416ff – Zur Statistik der Zwangsarbeit vgl. die Faltkarte zwischen den Seiten 674 und 675

[52] Trials of War Criminals before the Nuernberg Military Tribunals under Control Council Law No. 10, Volume IX, "The Krupp Case", US Government Printing Office, Washington, 1950, S. 1162-1163 Dokumente NIK-10346 und NIK-10758

[53] Law Reports of Trials of War Criminals, Selected and prepared by the United Nations War Crimes Commission, Vol. X, The I.G. Farben and Krupp Trials, His Majesty's Stationery Office, London, 1949, S. 102

[54] Trials of War Criminals before the Nuernberg Military Tribunals under Control Council Law No. 10, Volume IX, "The Krupp Case", US Government Printing Office, Washington, 1950, S. 741 Dokument NIK-7269, S. 747-749 Dokument NIK-7248, S. 804 Dokument NIK-11231, S. 810 Dokument NIK-11803

[55] Benjamin B. Ferencz, „Lohn des Grauens. Die verweigerte Entschädigung für jüdische Zwangsarbeiter. Ein Kapitel deutscher Nachkriegsgeschichte.", Campus Verlag, Frankfurt/Main, 1981, S. 31 und S. 115

[56] Am 24. August 1944 waren die Frauen nach Essen gekommen (es waren genau 522 Frauen). Am 17. März wurden sie ins KZ Bergen-Belsen überführt – oder richtiger: Sie mussten bis nach Bochum laufen, wo der Zug nach Buchenwald für sie bereit stand – in Buchenwald wurden sie vom Lagerkommandanten abgewiesen – „Man habe alle Hände voll zu tun" – der Zug fuhr weiter nach Bergen-Belsen. Sechs von Ihnen konnten vorher flüchten. Sie wurden von Essener Bürgern versteckt and am 10. April 1945 von einrückenden US-Truppen befreit – siehe dazu: „Krupp et al. so-called KRUPP Trial", S. 80-84

[57] „Nazi Conspiracy and Aggression", Vol. VI, Office of US Chief of Counsel for Prosecution of Axis Criminality, US Government Printing Office, Washington, 1946,S. 1111-1112

[58] Trials of War Criminals before the Nuernberg Military Tribunals under Control Council Law No. 10, Volume IX, "The Krupp Case", US Government Printing Office, Washington, 1950, S. 925-926 Dokument NIK-12326, S.

1130-1134 Dokument NIK-7440, S. 1135-1136 Dokument NIK-9806, S. 1137-1139 Dokument D-238, S. 1140-1141 Dokument NIK-9802

[59] Trials of War Criminals before the Nuernberg Military Tribunals under Control Council Law No. 10, Volume IX, "The Krupp Case", US Government Printing Office, Washington, 1950, S. 1421-1422

[60] Detlev Peukert, „Ruhrarbeiter gegen den Faschismus – Dokumentation über den Widerstand im Ruhrgebiet 1933-1945", Röderberg Verlag, Frankfurt/Main, 1976, S. 305

[61] Trials of War Criminals before the Nuernberg Military Tribunals under Control Council Law No. 10, Volume IX, "The Krupp Case", US Government Printing Office, Washington, 1950

[62] Trials of War Criminals before the Nuernberg Military Tribunals under Control Council Law No. 10, Volume IX, "The Krupp Case", US Government Printing Office, Washington, 1950, u.a. Dokument D-253, Dokument D-256 und Dokument D-265; S. 1105-1109, sowie Dokumente D-270, Dokument D-271, Dokument D-272, Dokument D-274 und Dokument D-277, S. 1110-1115

[63] Siehe dazu das Dokument D-313 vom 18. Oktober 1945 – Zeugenaussage von Dr. Apolinary Gotowicki – in „Nazi Conspiracy and Aggression", Vol. VII, Office of US Chief of Counsel for Prosecution of Axis Criminality, US Government Printing Office, Washington, 1946, S. 18-20

[64] Jerzy Sawizki, « Als sei Nürnberg nie gewesen", Deutscher Zentralverlag, Berlin, 1958, S. 139

[65] Trials of War Criminals before the Nuernberg Military Tribunals under Control Council Law No. 10, Volume IX, "The Krupp Case", US Government Printing Office, Washington, 1950, Dokument NIK-10218, S. 668-674

[66] Mit diesem Satz resümierte der umstrittene Krupp-Biograph William Manchester die eindeutigen Beweise im Kriegsverbrecherprozess gegen Krupp, in William Manchester, „Krupp – Zwölf Generationen", Kindler Verlag, München, 1968, S. 403-408

[67] Siehe dazu - Detlev Peukert, „Ruhrarbeiter gegen den Faschismus – Dokumentation über den Widerstand im Ruhrgebiet 1933-1945", Röderberg Verlag, Frankfurt/Main, 1976

[68] Sie dazu – Kurt Pätzold, „Installateure und Profiteure der Macht", in „Junge Welt", 8.12.2007

[69] Trials of War Criminals before the Nuernberg Military Tribunals under Control Council Law No. 10, Volume IX, "The Krupp Case", US Government Printing Office, Washington, 1950, S. 110

[70] Trials of War Criminals before the Nuernberg Military Tribunals under Control Council Law No. 10, Volume IX, "The Krupp Case", US Government Printing Office, Washington, 1950, S. 1371

[71] Trials of War Criminals before the Nuernberg Military Tribunals under Control Council Law No. 10, Volume IX, "The Krupp Case", US Government Printing Office, Washington, 1950, S. 1364-1373

[72] „Internationale Übereinkunft betreffend die Gesetze und Gebräuche des Landkriegs", abgeschlossen in Den Haag am 29. Juli 1899, in amtlicher schweizer Übersetzung

[73] Trials of War Criminals before the Nuernberg Military Tribunals under Control Council Law No. 10, Volume IX, "The Krupp Case", US Government Printing Office, Washington, 1950, Dokument NIK-13450, S. 638-639

[74] Siehe dazu – S. Jonathan Wiesen, "Challenge of the Nazi Past 1945-1955", The University of North Carolina Press, 2001

[75] Sieh dazu – Thomas M. Bower, "The Pledge Betrayed – America and Britain and the Denazification of Post-War Germany", Doubleday, Garden-City, New York, 1982

[76] Dazu kann man vermerken, dass McCloys Ehefrau Ellen, geb. Zinsser, eine Cousine von Auguste Zinsser, der 1948 verstorbenen Ehefrau Konrad Adenauers war

[77] John Jay McCloy war, als Nachfolger von General Lucius D. Clay, vom 2. September 1949 bis 1. August 1952 amerikanischer Hochkommissar in Deutschland

[78] Jörg Friedrich, "Nuremberg and the Germans", in Belinda Cooper, ed., "War Crimes: The Legacy of Nuremberg, TV Books, New York, 1999, S. 98

[79] Telford Taylor, "The Nazis go free: Justice and Mercy or misguided Expediency?", in « The Nation » vom 24.2.1951